sacoche

Premiers titres publiés :

/ Rimbaud *vagabond*

/ Éluard *amoureux*

/ Hélène Dorion, *Mes forêts*

Mes forêts

Mes forêts est le deux cent vingtième ouvrage
publié par les Éditions Bruno Doucey

Éditions Bruno Doucey
Cour d'Alsace-Lorraine
67, rue de Reuilly
75012 Paris
www.editions-brunodoucey.com

ISBN : 978-2-36229-439-6

Hélène Dorion

Mes forêts

suivi de

Le paysage, l'intime, la poésie

par Bruno Doucey

SACOCHE
Éditions Bruno Doucey

Mes forêts sont de longues traînées de temps
elles sont des aiguilles qui percent la terre
déchirent le ciel
avec des étoiles qui tombent
comme une histoire d'orage
elles glissent dans l'heure bleue
un rayon vif de souvenirs
l'humus de chaque vie où se pose
légère   une aile
qui va au cœur

mes forêts sont des greniers peuplés de fantômes
elles sont les mâts de voyages immobiles
un jardin de vent où se cognent les fruits
d'une saison déjà passée
qui s'en retourne vers demain

mes forêts sont mes espoirs debout
un feu de brindilles
et de mots que les ombres font craquer
dans le reflet figé de la pluie

mes forêts
sont des nuits très hautes

L’écorce incertaine

Dehors, est-ce l'infini
ou juste la nuit ?

Ann Lauterbach

L'horizon

une chute de liens
avec le ciel qui jette l'ancre
un désordre
que blessent les vents

de biais
la beauté vient
chasser l'obscurité

les forêts
apprennent à vivre
avec soi-même

L'arbre

le mur de bois
s'est fissuré

une pluie
de longues tiges
inquiète nos pas
tombe comme on tombe
parfois dans sa propre vie

j'écoute cette partition
du temps
je déchiffre enfin
le désordre des branches

les forêts hurlent
entre racines et nuages

Le ruisseau

creuse loin dans la terre
dénoue la montagne qui pèse
de tout l'automne
le rideau s'effrite
dans un souffle lourd
le ruisseau balaie le passé
vers demain
entraîne dans son courant
le froid qui rongeait les heures

comme un petit bruit
au fond de l'âme
ce que l'on tait
les pierres le portent

Le rocher

on dirait une histoire
couverte de rouille

mousse et cratères
un ciel noirci
par l'ombre de nos pas
que les années fendillent

les forêts s'embrasent
dans le clair-obscur
révèlent des chemins de sève

Le tronc

tout un champ de colonnes
effleure les nuages

lentes cicatrices
dans la bouche de l'hiver
un visage d'épines insoumises

les forêts entendent nos rêves
et nos désenchantements

L'île

si la pointe de l'arbre
vacille pour lécher
la lumière qui l'aveugle

si l'île flotte
à la surface du jour
comme un navire de feuillage

serait-elle une pierre
avec des noms échoués
au fond de leur vie

La branche

et l'horizon craquelle
un sentier se referme
sur l'écorce des choses

que rongent les vers
et les fourmis

il n'y a que ce qui casse
et repousse
autour de nous
syllabes informes
qu'assemble la lumière

jusqu'à l'autre saison
les forêts vacillent
dans le souffle de la terre

Les feuilles

comme des flammes
étreignent le vide
puis tombent
dans la tempête souterraine
l'alchimie de vivre
et de mourir

les forêts creusent
parfois une clairière
au-dedans de soi

La déchirure

j'écoute un chant de vagues
qui chutent
à l'horizon
l'éternité
flotte sur la montagne

le vent défait la lumière
cherche un visage
pour les orages à venir

une lame cogne
contre les mâts
de nos rêves
casse la branche du temps

L'écorce

un bruit de scie
brouille le silence
perce le mur
de nos frêles illusions

les forêts grincent
et ce gémissement
secoue nos solitudes

L'humus

s'il était la racine et s'il était
du ciel devenu herbe
un commencement
posé sur la pierre

s'il était la voix
qu'on n'entend plus
une sorte de clarté
qu'on aurait saccagée

Le mur de bois

alors que l'écorchent
les flèches de pluie
des vagues de vents
luttent avec les veilleurs

des mangeoires se balancent
comme des girouettes égarées
au milieu d'un vaste bouquet fané

le fouillis sauvage
attend l'éclaircie

les forêts nous promettent
l'écume et les embruns
sur l'épaule du présent
l'écorce du souvenir

La cime

on dirait une goutte de terre
pour le nuage qui passe

une falaise d'où s'élancer
quand on refait les saisons

bientôt le regard se brouille
avec le sommet qui s'effrite
on quitte l'instant aigu

La bête

bondit avec sa soif
un goût de froid
dans la gueule
nos questions d'enfants
jamais réparées

on pourrait l'abattre
et avec elle
l'écho des finitudes

Les racines

fendent le sol
comme des éclairs

avancent dans leur solitude
et tremblent

pareilles à une vaste cité de bois
les racines
s'accordent à la sève
qui les fouille

observent-elles les nuages
pour apprendre
la langue de l'horizon

si je marche
avec les ombres de ma vie
comme de lourds oiseaux
qui dévorent les promesses
suis-je l'arbre suis-je la feuille
grugée par les saisons

je ne sais pas
ce qui se tait en moi
quand la forêt
cesse de rêver

L'ocre

dit la saison
l'usure lente
des mémoires
que l'on piétine

le vent nous invente
des dénuements

déchire les feuilles
casse les branches
casse même le tronc

pour mieux voir
le paysage que l'on trahit

Le houppier

dans la lumière haute
les nuages chuchotent
à l'oreille des pierres

la lumière éblouit la montagne
dessine des espoirs
dans la neige

tombe encore
un peu de solitude

maintiennent la vie
dans sa fragilité

l'aube s'infiltre
touche l'écorce blessée

qu'en est-il du chaos
qui flotte
dans le bégaiement des feuilles

la forêt défriche
en moi tant d'années

Le temps

comme s'émiette la tour
on dirait une pluie de chimères
venues accabler la terre

on n'a pas vu la feuille
qui se froissait
pas vu les déchirures
dégriser le vent

Le sentier

entre les troncs
comme une large rayure
le hibou s'élance

repère l'ombre
la proie qui remue
dans le désordre du monde
la forêt se souvient
du chant des ailes

Le feu

qu'on entend venir
on dirait une bête
prête à tout dévorer

au milieu d'un champ
de longues allumettes
soudain la flèche
soudain l'embrasement
du cortège redouté

le feu promet l'éclaircie
qui donnerait envie de grandir

Les vents

et le mur se fracture
avec le souffle
qui poursuit l'œuvre du courant
vif d'air refroidi

comme des oiseaux
les arbres se débattent
cherchent la vague   ou le rivage

la forêt disperse
nos fatigues
masques et failles
de nos illusions

Un lit

de mousse
flotte sur le sol
on dirait une cité
venue d'un autre univers

un remous de fourmis
sur la pierre
pèse un poids de lettres
et de mots inconnus

l'amas d'étoiles
dessine une étrange constellation
qui n'a pas de ciel

L'aile

très haute
de la beauté
perce le brouillard de vivre
retombe entre les branches

l'animal saisit l'aile
qui gît au sol

comme une mémoire difforme
de l'histoire
l'emporte loin

à l'intérieur du poème
la forêt rêve-t-elle

alors que j'avance
à petits pas
de l'autre côté de la nuit

Mes forêts sont un champ silencieux
de naissances et de morts
la mémoire de saisons
qui se lèvent et retombent

mes forêts sont du temps qui s'immisce
à travers tronc branche racine
elles traversent le feuillage du jour
capturent l'ombre   capturent l'éclat

elles sont la solitude disséminée
comme poussière de notre passage
une poignée de roches
qui savent les âges   mes forêts
sont des traits de craie noire
les lettres désarticulées de mots
inconnus d'un matin qui hésite à venir

elles sont des ossements
que lèche l'invisible
une géométrie de souffles
et de pas qui se perdent

mes forêts sont lièvres et renards
jungle d'insectes qui scintillent
un soir d'été quand c'est l'hiver
elles sont coyote ours noir orignal
sittelle geai bleu mésange

elles dorment nues mes forêts
attendent le vent
qui les fera tanguer
comme des bêtes ivres
qui marchent vers leurs racines

si peu me fait vivre
quand c'est plein d'étoiles
et que s'avance le poème

Une chute de galets

Où aller sans commencement
et peut-être sans fin

Silvia Baron Supervielle

C’est le bruit du monde
l’écoulement du temps –

goutte de pluie et grain de sable
l’éclosion d’un bourgeon
la branche qui tombe   l’avancée d’un nuage
dans le bleu   la nuit se brise
à l’horizon   un vent
plus léger que les autres

c’est le bruit du monde
l’écoulement du temps –

l’heure mauve   les glaces qui se rompent
la lumière de midi   une secousse
l’ondée vive
le sol craquelle

c’est le murmure d’une forêt

le bruit du monde
l’écoulement du temps   l’écoulement
du temps –

une feuille tombe nue
comme s’égrènent les voix
dans leur solitude

la neige nourrie de vent
siffle
dans le désert de froid

quel silence
sous nos pas
soudain se fissure

écoute
la lumière se pose
sur ton visage   l’âme des choses
ne laisse sa trace
que dans le silence
entre l’automne et l’hiver   hier et demain
entre les étoiles   les nuages
et chaque goutte de pluie

écoute
le chemin qui s’ouvre
dans ton cœur   et ta main
cherchant une autre main
remue les mots
jusqu’à ce qu’ils s’ouvrent
comme une onde

l’énigme heureuse
d’une eau de montagne
s’immisce à travers nos vies

c'est le bruit du monde
l'écoulement du temps –
nos souvenirs noués à la nuit
c'est le bruit du monde

          au coin des villes
          sirènes   klaxons   alarmes du siècle
          amas de choses jetables
          et tintamarre de nos pas

l'écoulement du temps –
le bruit d'une terre ébranlée
où les fenêtres deviennent noires
les toits s'effondrent
comme de vastes illusions

          la lumière tombe   lourde
               tombe   lourde
                        tombe la lumière

son tumulte résonne
jusque dans les pierres

c'est le bruit du monde
l'écoulement du temps –

écoute l'instant fragile et pur

notre marche   au bout des ombres
l’aube recommencée
l’arbre haut des bonheurs
et de nos déchirures
le murmure de la haine
à l’oreille de l’amour

écoute

l’écho de nos rêves
dans le vent qui s’enfuit
le souffle des mers
nous enlace comme un corps
choses muettes et nues
que ton chant accorde
pour éclairer le néant

une fleur déchire le silence
un mouvement d’herbes le froisse
écoute les cloches   les pétales
la chair et la joie

une voix s’avance
dans le bégaiement de l’histoire

œuf   eau   sang   reptile   poisson
os   arbre   grotte   créature   homme
femme   langue   main   souffle   rêve

rêve terre battement passage rêve
route forêt rivière fissure œuf
eau sang salive chute rêve
et chute

c’est le bruit du monde
l’écoulement du temps –

choses muettes et nues

Mes forêts sont des bêtes qui attendent la nuit
pour lécher le sang de leurs rêves
gratter la terre   gratter l'écorce
boire l'offrande et se glisser
dans un lit rempli de lucioles

mes forêts sont une planète silencieuse

une éclipse qui fléchit
le bois de barques à la dérive
alors qu'on croirait tout immobile

elles sont un dessin de nature morte
ignorant les écrans
sur lesquels on les regarde
sans jamais les voir   mes forêts

sont chemin de chair et marées de l'esprit
un verbe qui se conjugue lentement
loin de *facebookinstagramtwitter*

mes forêts sont des rivages
accordés à mes pas   la demeure
où respire ma vie

L'onde du chaos

Aux aguets, nous faisons écho
Aux rumeurs de l'abîme

Kathleen Raine

Il souffle mille voix de vent
sur la montagne que traversent
des marées   tant d'aubes
un silence de fin de jour
quand s'amorce la descente
vers soi

au-dessus du vide
flotte un ciel
qui n'ignore pas sa fragilité

murs d'incertitude et miroir
déformé de nos rêves

on entend que revient
un désir d'orage
dans le jardin chargé de remous
le désordre d'existences
où l'on piétine la vie

le temps ne va plus   ni ne vient
dans le mystère obstiné d'étoiles
il n'y a que des saisons décousues

où aller
quand il n'y a pas de commencement

quand la terre   et nos corps

plus chancelants que la terre
ne reconnaissent plus
la mémoire d'un arbre

on appelle des catastrophes
pour les couvrir du tissu
de nos indifférences
nos regards étouffent
sous les poignées de cris
jetées dans les fosses

il se fait tard
pour la nuit humaine

on ne pourra pas toujours
ne pas recommencer   on ne pourra
pas toujours fuir
au bout des hivers

Rêve-t-elle d'autres saisons
la forêt qui promène ses ombres
au-dessus de nous

des bêtes aveugles
engouffrent nos vies embrouillées

quand tanguent les arbres
rêve-t-elle d'oiseaux
venus chasser les vestiges
glisser l'aile fragile d'un espoir

la chute ne fait aucun bruit
dans la forêt   ne laisse aucune trace
l'agneau déserte le troupeau

Le jeune érable frémit
sous les coups du tonnerre
la foule autour de lui
hurle contre le vent

quand j'ai ouvert les yeux
ce n'était plus à l'intérieur
de moi que la pluie s'immisçait

le bois racontait une histoire
d'air rouillé de pas égarés
dans le brouillard de l'aube

grandir disait-il
ne suffit pas
à remplir le cœur

Les arbres mordent le sol
corps séchés
dans le froid des racines
ombres maigres   corps
serrés contre d'autres
on entend le chant
de fêlure et de désir
corps comme va la marée
barque blême
perdue dans sa nuit

corps d'amour et d'orage
abandonné à la terre
qu'il lèche comme
un mur à percer

Il fait un temps de bourrasques et de cicatrices
un temps de séisme et de chute

les promesses tombent
comme des vagues
sur aucune rive
les oiseaux demandent refuge
à la terre ravagée
nos jardins éteints
entre l'odeur de rose et de lavande

il fait un temps de verre éclaté
d'écrans morts   de nord perdu
un temps de pourquoi   de comment

tout un siècle à défaire le paysage

mon chant soulève la poussière
de spectacles muets
comme un trou béant
dans la maison noire des mots

il fait un temps jamais assez
un temps plus encore   et encore
plus   encore
plus
on ne pourra pas toujours
tout refaire

dans ce temps de bile et d'éboulis
les forêts tremblent
sous nos pas
la nuit approche

Entre mes doigts
le nom de l'arbre   le nom de la chair
ce peu d'écorce qu'est ma vie

une forêt d'édifices
l'éternité
bâtie sur un nuage
un gouffre sous la terre
remords   ténèbres   débris
se transforme en rêve
– c'est beau   n'est-ce pas
ou en ruines qui nous dévorent
– peut-être   on a tout raté

Les alertes du matin résonnent
dans la chambre du siècle
un fracas de fatigue
l'ombre d'imprévus
mes désirs et mes soifs
bercent les hautes exigences

du portable au jetable
le jardin où périt un monde
où l'on voudrait vivre

et je ne vois plus les heures
plus l'horizon
avec ses levées de lumière

Comme roulent les galets
la vague n'emporte
aucune question

on ne tourne plus
que sur soi-même
au milieu des flots
l'abîme évide l'espérance
que l'on ne peut nommer

Il fait un temps de foudre et de lambeaux
d'arbres abattus
au-dedans de soi
il fait pluie maigre
un temps de glace
et de rêves qui fondent
dans le labyrinthe des miroirs
le dos courbé   le poids des silences

guerres   famines   tristes duretés
c'est seulement l'hiver
sur l'écran d'aujourd'hui
s'annoncent les orages de demain
des chiffres pour ne rien dire
de l'inquiétude qui brûle nos mots
lettres échevelées
bientôt cassées comme pib
nip   fmi

il fait un temps à s'enfermer
dans nos maisons de forêt
avec le bruit secret des nuages
qui souffle
de l'autre côté de la nuit

Je n’ai rien déposé
au pied du chêne   rien
à l’ombre du saule

je ne me suis adressée ni aux faibles
ni aux puissants

je n’ai pas vu le veilleur
à l’entrée de la mer
pas vu le jardinier cueillir le crocus
d’un printemps
pas trouvé
le miel et la soie

pas vu le ciel   dans l’étang
quelque chose de la solitude
rien
qui laisse paraître la déchirure

je me suis assise
au milieu de ces vastes alliés
sans voix
le temps continue
de s’infiltrer dans la terre
gorge les rochers

le pas des animaux
s’accorde à la lumière

par la lenteur du monde
je me laisse étreindre
je n'attends rien
de ce qui ne tremble pas

À la table du silence
je suis cette branche
qui avance comme va le vent
sans père ni mère
des années de nulle part
poussées vers demain

je suis cette ramille qui frémit
au bout du vide
trace un invisible chemin
vers l'horizon
chaque souffle
me dépouille d'un feuillage
me laisse vacante
comme la lumière qui va
elle aussi vers le soir

Parfois je sarcle le sol
arrache un peu d'herbe et de mousse
je laisse mes questions
se frayer un chemin
au-dessus du néant
elles flottent
recouvrent de froid la terre nue

et font le bruit du marcheur
qui approche
comme l'érable en feu
au bord de sa chute

Tu t'arrêtes
pour que traversent
à l'embranchement
les chagrins jamais avoués
de tant de visages
éparpillés parmi les heures
gestes et tâches
qui ensemencent nos vies

Il fait un temps d'insectes affairés
de chiffres et de lettres
qui s'emmêlent sur la terre souillée
un temps où soufflent des vagues
au-dessus des vagues

dans nos corps
il fait un temps d'arn
de ram   zip et chus
sdf   et vip
il fait triple k
usa   *made in China*
un temps de ko
pour nos émerveillements
il fait casse-gueule
un bruit de ferraille
déchire le paysage
comme un vêtement usé

il fait refus et rejet
un temps de pixels   d'algorithmes
qui nous projettent
sur des routes invisibles
avec l'avenir comme promesse
que le vent dévore aussitôt
un peu d'écorce et de feu
au creux de la main
il fait chimère

et rêve de rien du tout
un siècle de questions rudoyées

le bord d'une falaise
où chutent nos poèmes
et la neige
nous apprend à perdre
tout ce que l'on perdra

Je m'incline souvent
devant la figure unique
d'un jeu de feuilles et de branches

la maigre cicatrice de l'écorce
le nœud dans le bois dur
l'arbre n'échappe pas à sa souffrance
il n'est rien d'autre que lui-même

avec la longue respiration des saisons
il regarde par les yeux du vent

de ses racines
et de l'anneau des années
il ignore tout

et je m'incline encore
pour écouter son voyage immobile

Je marche entre mes ombres
et ma quête de joie

la neige striée de sentiers
boit l'encre de chaque mot

j'attends un geste de lumière
posé sur l'énigme fragile

Nos matins de brume comme
surgit l'ondée claire
parmi les arbres
le regard hésite
hier   demain
un chemin voudrait venir

alors que je rêve
un reste de vie
chute   comme un écho
une bourrasque
hier   demain
le vent se disloque
dans un grondement de clarté

alors que   je rêve
vers toi mon corps s'enroule
frêles pétales
au bout de la nuit   des mots
frémissent comme
ces brumes inapaisées
encerclent nos silences

Nous sommes debout
comme après la pluie
quand flotte un monde neuf
autour de nous
les lucioles vacillent
dans un théâtre d'heures
la terre   dos courbé
racines tristes
rouille sous nos pas

ce n'est plus seulement l'hiver
ses marées au goût de glace
qui mordent comme des bêtes
mais du temps qui se lève

plus léger   plus coloré
un monde surgit
dans le reflet de la mémoire
prononce un commencement

Je n'entends pas le loup
il devrait hurler à la lune
qu'ébrèche le ruisseau

mais il ne vient plus boire
comme si la saison était brisée

comme si de longues blessures
et le silence
et la solitude
avaient désenchanté son pas

c'est le soir dans la bouche du matin
le chant est vide
le ciel pareil à un rocher
se dresse devant l'appel

Il fait taches de brouillard
et minces certitudes
à la porte de l'histoire
qui s'étonne
de tenir encore
dans la cohue des paroles
il fait un temps
que le cœur ne déchiffre plus

parmi les vents durs
il fait un temps à fermer les yeux
pour mieux voir
au plus obscur de la vague
nous ne sommes pas faits pour respirer

Les jours tombent comme
cassent les troncs
dans le cercle des ans
tombe le fruit

quand la foudre me surprend
je pourrais ne plus trouver
la maison
m'enfermer
dans la nuit des autres

L'herbe ne va nulle part
elle devient un monde
où se terrent d'autres mystères
que le nôtre

entre ses brins
elle dissimule de petites bêtes
qui dessinent un alphabet
loin de la nuit humaine
elles surgissent parfois
sur l'écran des machines
croisent le regard
qui attend un nouveau rêve

À l'instant où
rien ne s'est encore passé

avant qu'un rayon
ne presse d'éclore
le premier bourgeon
avant la première fleur
à l'instant où rien ne remue
sur la toile
c'est encore l'infini

quand le cœur ignore
les erreurs de l'enfance

Ce sera comme un souvenir
qui s'ouvre   ce sera une main
avec de longues lignes enchevêtrées
la langue de nos destins
impossible à lire   ce sera
la sensation du corps
dans les humeurs de la terre

ce sera comme une soif de clairière
dans le fracas des ombres
l'empreinte d'un avenir
plus haut que la forêt   ce sera
l'épine indécise
entre l'écorce et le noyau

ce sera un peu de lumière
pour décider du paysage

Le chemin qui monte vers toi
brûle les ombres
de ma vie
je suis l'arbre foudroyé
la chute et l'envol
dans l'instant
où advient le désir

l'élan de la neige
recouvre la terre
une aile perce le ciel
et son écho rompt le rivage
déchire comme une flamme
la peau fragile de nos rêves

je me tiens dans le sillage
de la nuit   je remonte
vers toi   l'unique
présence qui jamais ne s'éteint
désir de voir   toucher   dire
on invente des ailleurs à la vie

toute feuille est désir
de fleur   et de fruit
avec lui
le monde surgit

Il fait rage virale
sur nos écrans
qui jamais ne dorment

propagent des mots
comme un venin
pénètre la surface

et l'image se modifie
d'abord légèrement   un jour
on ne reconnaît rien

l'écran s'est verrouillé
le champ d'étoiles est devenu noir

il fait nulle part   et n'importe où

quand la rame fracasse le ruisseau
quand la soif casse le verre

on ferme tout
ce que l'on veut réparer

On dirait une silhouette mystérieuse
où glissent des rivières
et s'élancent les rêves

puis le jour recommence
l'arbre jette l'ancre
dans le jardin de tes pas

il tend les cordes de l'univers
où les âmes jamais ne fanent

aux confins du silence
le ciel brûle
– arbre de grâce et de beauté
arbre de solitude et de questions –
les branches qu'il recueille
s'inclinent comme des archets

tu écoutes le chant des racines
tu deviens la sève
un filet de clarté
qui traverse le tronc

c'est le temps dis-tu
cette fenêtre opaque
qui raconte le voyage

un poème avance sur la tige

vole parfois
sur les traces de l'oiseau

l'arbre n'a d'âge
que celui des saisons

Autour de moi les notes
lumineuses d'une feuille
venue jusqu'à la branche
pour remuer   avec le souffle
danse et boit
l'eau qui la sauve
au matin quand recommence
son chemin vers le soir

et je marche aussi
d'un pas qui repose dans l'infini
j'écoute le monde qui bruit
à travers les arbres seuls
comme des êtres occupés
à devenir leur forme singulière

La neige a cessé de fondre
les rues se sont tues
le siècle s'arrête comme un navire
surpris par la marée

dans le bassin des heures
remue l'invisible

alors que les oiseaux se renversent
pareils à un amas d'os rompus
ta maison devient plus vaste
qu'un commencement

Tu pousses la porte du temps
vois la nuit   le rocher
comme le sang du souvenir
qui a survécu

est-ce une joie
dans le poème
qui soulève l'aube
un insondable horizon
ou ce monde incertain

savons-nous
gravir la montagne
jusqu'à nous

Mes forêts sont le bois usé d'une histoire
que racontent des lunes tenues à bout de bras
quand s'approchent la nuit et le hurlement
de nos peurs   mes forêts
sont la mise en terre de vagues immenses
et de mots que je ne reconnais pas

elles sont un horizon de corps nus
sur le plateau des heures
qui bascule   soudain
la danse très lente des ombres
vient hanter la machine de nos pas

et quand les brumes s'apaisent
mes forêts sont une poignée de rayons
plantés dans le sol durci

avec le réveil d'un temps
elles sont les paupières tremblantes d'un espoir
qui parle une langue d'écorce et de souffle

langue de tous les jours
– humiliée résistante conquise invaincue –
qui trouble et promet
avec des mots de travers   mots de trop
de peut-être
où les temps se confondent

mes forêts parlent la langue du fleuve
celle d'algue et de limon
de rivières qui débordent
corps fous de joie ou emportés
dans les remous de leur vie

elles disent nos mains d'obscurité
de frêles beautés   l'effroi
qui pèse sur demain

mes forêts
racontent une histoire

qui sauve et détruit
            sauve
                  et détruit

alors nous rêvons
comme la sève qui sera
comme le sang
de ce qui n'est plus

nous sommes hauteur de montagne
parmi les brumes affolées
rien ne nous appartient
nous dénouons   nous réparons
ce que nous pouvons

Le bruissement du temps

Où avons-nous été,
et pourquoi descendons-nous ?

ANNIE DILLARD

Avant l'aube

Dans la forêt du temps
il n'y avait rien
ni ciel ni océan

au commencement
il n'y avait ni dieux ni humains
ni souffle ni solitude

au commencement le rien était l'obscur
le vide un long tunnel de silence

puis sont venues les eaux
est venue la Terre
comme une montagne qui émerge
est venu le ciel pour la couvrir

le haut et le bas
l'envol et les pas

sont venus les dieux qui flottent
au-dessus des eaux
Hésiode Zeus Odin
Brahma Izanami
avec eux sont venus l'air et la lumière
l'algue et l'arête du monde

le rayonnement   le chaud   l'expansion

coulée de matière et recul des ténèbres
il y eut un soir et il y eut un matin

il y eut la vie
entre le Tigre et l'Euphrate
l'œuf qui éclot

dans un magma
se sont mises à tourner
les particules lumineuses
les saisons   la Terre   les planètes
l'aiguille a percé la mince couche de bleu
elle a chassé l'éternité

toutes choses alors ont été jetées
dans le temps qui s'écoulait
enfermées dans un cercle
cherchant le centre vers lequel graviter

le cœur battait
et le jour et la nuit
et les étoiles
comme des éclats de solitude

puis est venu le bourgeon
sont venus la feuille   les ailes

et les pattes   la tête et les yeux

Prométhée a pétri l'argile
modelé les humains
il a saisi le bien   a saisi le mal
et le souffle d'Athéna a donné vie
à cette chose appelée *âme*

ainsi sont venus les visages
sont venus les voix   les signes et les mots
les maisons en roseau   la grotte et l'igloo

l'amour et la peur
la prière et le sacrifice

puis il y eut un puissant chaos
l'arc et la flèche
sous le ciel d'Apollon est venu Dionysos
les cyclopes et les titans
les cris de l'un ignorant ceux de l'autre
l'éclat des couteaux   des obus
les cités éventrées
les dieux devenus des mendiants

et l'on a commencé à chercher l'ordonnance

on s'est nourri   reproduit   reposé

les animaux chassés
les animaux domestiqués
un corps qui tue d'autres corps
jusqu'à l'os   mange la chair

on a inventé la charrue
les graines et les sillons
on a ensemencé le sol   on l'a arrosé

on s'est mis à échanger la pierre et le sel
l'ambre et l'or

on a commencé la longue marche
du mythe à la connaissance
Galilée   Giordano Bruno
Einstein   la cause et l'effet rompus
sont venus le quantum
l'onde et le corpuscule
les possibles
que déploie la résistance du temps
et l'on a donné vie
à cette chose appelée *réalité*

Avant l'horizon

La terre a commencé à recueillir nos histoires

dans les arbres et sous la couche d'humus
au creux des vents et des vagues
parmi les fissures de pierres
qui encerclent les feux
des voix se sont levées

on a bu au sein de la mère
on a mis la main dans celle du père
autour de la table
les places ont été assignées
et l'on a prononcé le mot *famille*

on l'a ouvert très grand
jusqu'à l'humanité
puis on l'a refermé sur nos intimités

on a recouvert nos épaules de fourrures
mangé la chair des bêtes
brûlé leurs carcasses

avec la cendre
on a nourri d'autres bêtes
enrichi le sol

inventé d'autres matières

puis nos mains ont dessiné
quelques traits sur les murs d'une grotte

l'art allait nous protéger de la haine

mais la haine a continué

la porte du ciel s'est refermée
sur le babil des peuples
et les peuples se sont séparés

on a piétiné la terre des uns
volé celle des autres
on a arraché des enfants à leur famille
on leur a inculqué nos croyances
on a balayé leurs rituels   enseigné notre dieu
chassant avec lui l'esprit de la Lune
et du Soleil   celui des saisons   de l'humain
de la Terre

on a dit que le coyote   l'ours blanc
nous appartenaient
que les oiseaux volaient dans notre ciel
les poissons nageaient dans nos mers

on a souillé notre maison

on l’a vendue au plus offrant

chacun s’en est allé
emportant avec lui la terreur et le fiel
le désir de vaincre   d’assujettir
de venger les offenses
s’éloignant de l’amour
pour se rapprocher du désastre
chaque pas laissait une trace
que jamais l’on ne pourrait effacer

corps informes   plantes   grenouilles
insectes et animaux à quatre pattes
qui voient d’autres corps
debout dans la savane
bientôt ils marchent
maîtrisent le feu   ouvrent la bouche
et articulent des sons
tiennent l’outil dans la main

puis la main se met à écrire
invente des forêts imaginaires
et des visages s’y promènent

l’horizon est apparu
le monde aurait une histoire

le plus grand a croisé le plus petit et

d’autres récits ont commencé

sont venus le premier regard
le premier pas
les maisons de la plaine et du lac
celle du bois
la fenêtre de l’amour
qui referme celle de la peur
puis sont venus les premières lettres
et les premiers mots   des phrases
pour dire un monde plus vaste
que celui des maisons

une parole échouant
au milieu de ce que l’on cherchait
l’eau   l’or   le sel   le feu   le bois
l’eau   le bois   le feu   l’or
le sel   l’eau   le sel
l’or   l’eau   le bois
le sel   le feu

à moitié debout   à moitié à genoux
l’histoire retourne
d’où elle vient

Avant la nuit

Le plus grand a croisé le plus petit et
d'autres histoires ont commencé

sont venus la maternité
la rue Summerside
le jouet d'enfant collé au palais
les étés à la mer   la piscine minuscule
dans le jardin   le carré de sable
et les heures de silence   sont venus

la solitude et les cris des parents
les goélands au-dessus des marées
les châteaux cassés   l'odeur de la nuit
celle des hivers
au sommet de la montagne

le premier jour d'école
un deuxième et les autres jours
la jupe à carreaux   les blouses
couleur pastel   la grammaire des années
John F. Kennedy   les ombres
qui se soulèvent
l'hôpital du Saint-Sacrement

puis sont venus les nuits de peur
et d'abandon
la fenêtre noire de ma chambre d'enfant
les trajets interminables
l'étui à crayons   le cahier rose
la vague qui me renverse
et la main de ma sœur me rattrape
le club des cinq   le royaume des quatre
la bouche du garçon sur ma bouche
le vertige de l'inconnu
des vies qui se confondent
et le feu de joie dans le corps   sont venus

le bruit continu d'un océan
au creux de l'oreille
le regard fou de l'homme
au coin de la rue
ma course vers la maison
le château de cartes et de silence de mon père
nos éclipses au bout de l'horizon
la douceur qui me porte vers la rive
un fragment d'éternité entre les doigts
le long paradoxe
        de l'arbre
        et de la pomme

ici tout pourrait s'éteindre
devenir poussière

de passé qui flotte dans l'air
tout aurait pu ne pas être

peau laine fer charbon
pétrole argile gravier
chanvre sable riz maïs
coton calcaire

mais l'histoire a continué

et avec elle
la longue marche du savoir
de l'argile à l'or   de l'âge d'airain
à l'âge de fer   de la roue
jusqu'à l'ère numérique   sont venus
les anges tristes et les tours blessées
la colère de lourds printemps
l'invisible bourreau
la cueillette inlassable d'informations
qui prononcent de vacillantes vérités
le sucre et l'acide
sur la langue
les mots qui tournent
comme l'histoire d'une pomme
dans les jardins de Cézanne   l'orange
bleue comme la Terre
et nos vies comme des étoffes
se froissent

dans le paysage du temps

la nuit s'approfondit

et l'on se met à rêver
du haut des falaises de Rilke
dans la forêt de Dante
on voit le passé
déjà   on lit le futur
on aperçoit l'aigle et la corneille
qui déchirent le rideau de l'histoire
pour rejoindre nos pas

on traverse le bois de Walden
la mémoire des saisons de Zanzotto
les paysages intérieurs
d'Hopkins   les clairières de Zambrano

vers la connaissance de soi
on a marché   on s'est plongé
dans le long travail de l'amour
on a trébuché
rebondi   puis chuté de nouveau

le temps jamais ne s'arrête
nous dit l'arbre
            nous dit la forêt

et sur la branche du présent

un poème murmure
un chemin vaste et lumineux
qui donne sens
à ce qu'on appelle *humanité*

Mes forêts sont de longues tiges d'histoire
elles sont des aiguilles qui tournent
à travers les saisons   elles vont
d'est en ouest   jusqu'au sud
et tout au nord
mes forêts sont des cages de solitude
des lames de bois clairsemées
dans la nuit rare
elles sont des maisons sans famille
des corps sans amour
qui attendent qu'on les retrouve
au matin elles sont
des ratures et des repentirs

une boule dans la gorge
quand les oiseaux recommencent à voler
mes forêts sont des doigts qui pointent
des ailleurs sans retour

elles sont des épines dans tous les sens
ignorant ce que l'âge résout

elles sont des lignes au crayon
sur papier de temps
portent le poids de la mer
le silence des nuages

mes forêts sont un long passage
pour nos mots d'exil et de survie
un peu de pluie sur la blessure
un rayon qui dure
dans sa douceur

et quand je m'y promène
c'est pour prendre le large
vers moi-même

© Maxyme G. Delisle

Le paysage, l'intime, la poésie

par Bruno Doucey

Le voilier paraît s'être immobilisé au milieu la baie. Sous la grande voile blanche, une silhouette à la manœuvre. Partout autour, le bleu du ciel et de la mer, la terre ocre du rivage, un nuage d'été qui se dilue dans le paysage.

La sonnerie d'appel retentit. En un instant, la fenêtre qui s'ouvre fait disparaître la mer et le voilier pour laisser place à un autre environnement. Tout m'est donné d'un coup : le visage et la voix, les murs blancs du bureau ponctués de tableaux, la transparence de l'air, la grande baie vitrée qui s'ouvre sur la forêt.

Il est tôt au Québec. Hélène Dorion commence sa journée, tandis que la mienne glisse déjà sur son second versant. En quelques mots, nous oublions que nous sommes l'un et l'autre devant l'écran de nos ordinateurs. La conversation s'anime. Les paroles, les gestes, les sourires nous rappellent que la confiance, l'amitié sont installées de longue date. C'est la joie qui l'emporte.

De quoi parlons-nous ? De *Mes forêts*, le dernier recueil d'Hélène, qui vient d'être inscrit au programme du baccalauréat de français. C'est un événement d'une ampleur considérable, dont nous prenons l'un et l'autre progressivement la mesure. Un auteur vivant, ou plutôt une autrice, québécoise, francophone, jeune si l'on songe que le grand public ne découvre souvent les poètes qu'après leur disparition. Une œuvre parfaitement contemporaine, dont la première édition n'est parue qu'en octobre 2021, en France et au Québec, tandis que les arbres flamboyaient derrière la baie vitrée d'Hélène.

J'évoque la chance qu'ont les jeunes de ce pays de pouvoir découvrir un texte qui n'est pas encore enseveli par les commentaires, étouffé par l'analyse. Une œuvre immédiate, vivante elle aussi, et de notre temps. Hélène me répond que *contemporain* ne signifie pas obligatoirement *avant-gardiste*, *hermétique* ou *difficile d'accès*, et que ses futurs lecteurs, si jeunes qu'ils soient, ont une expérience de la vie et de la lecture suffisante pour pouvoir entrer dans ce texte. Que dire de plus ? Cette inscription de *Mes forêts* au programme du baccalauréat est une chance : celle de pouvoir approcher un texte, d'en frôler les lisières, d'en arpenter l'étendue, d'en éprouver la profondeur. Surtout, celle de pouvoir dire au jeune lecteur : Vas-y, entre dans ces forêts, tu n'as rien à redouter. Laisse-toi guider par la musique des mots, comme si un oiseau t'invitait à le suivre ; laisse-toi gouverner par la force des images, comme si des racines, des branches ou des pierres aux formes étranges venaient te conter une histoire. Des histoires, car le texte est pluriel, polysémique, ouvert à la liberté d'interprétation du lecteur. La lecture de ce livre ressemblera pour toi à une promenade en forêt : une expérience sensible, sensorielle, immersive. Le reste viendra plus tard, presque naturellement. Le reste ? Oui, les idées, la connaissance, l'examen.

Paysages avec figures présentes

La jeune fille et le fleuve

Quand Hélène Dorion voit le jour, le 21 avril 1958 à Québec, le printemps est à peine installé. Les températures remontent doucement après l'hiver, mais les nuits restent fraîches. Les routes sont libérées de l'emprise de la neige, mais des lacs de montagne sont encore gelés. En forêt, les arbres verdissent à peine.

Son enfance, c'est dans ces paysages qu'elle la passe. On n'en décèle vraiment la singularité que si l'on songe aux lieux sur lesquels s'ouvrent les premiers regards d'enfant. Les forêts, bien sûr, où ses parents l'entraînent avec un goût du dépassement de soi dans l'effort : froissements d'automne, pentes glacées l'hiver, et ces balades printanières où l'on se sent revivre.

Le fleuve aussi, impassible ou tumultueux, ample, puissant, démesuré si on le compare à ceux qui traversent l'Europe. Sait-on que le Saint-Laurent connaît des marées à plus de mille kilomètres de l'océan ? Que sa largeur peut atteindre plusieurs dizaines de kilomètres ? Que son estuaire, le plus vaste du monde, est d'une superficie supérieure à celle de la France ? La petite Hélène grandit sur une terre immense, peu peuplée, où la nature sauvage – rivières, fleuves, fjords, lacs, forêts, montagnes – intime aux êtres humains un respect dont elle ne s'est jamais départie.

La ville enfin, moderne en histoire, américaine en sa structure. Québec, l'une des plus anciennes cités d'Amérique du Nord ; Sherbrooke, située à une cinquantaine de kilomètres de la frontière des États-Unis ; Montréal, vaste métropole portuaire bâtie dans le courant du fleuve.

C'est sur cette terre de contrastes que grandit Hélène Dorion. En 1980, elle obtient un baccalauréat en philosophie à l'université Laval de Québec. Le baccalauréat à vingt-deux ans ? Oui et non, car ce que l'on nomme ainsi au Québec, ce n'est pas l'examen qui clôt les études secondaires, mais le premier cycle universitaire qui s'étend sur trois ans. La philosophie l'attire. Celle d'Albert Camus, qui pose la question du sens de la vie et de la condition humaine, dans un monde qui reste indifférent à notre égard. Celle de Nietzsche, si proche de la puissance créatrice. Celle des présocratiques grecs, qui l'invitent déjà à penser les origines de la civilisation.

Parallèlement, la jeune femme écrit des poèmes, qui paraîtront bientôt dans une revue. Son premier livre de poésie, *L'intervalle prolongé* suivi de *La chute requise*, est publié en 1983. Elle n'a que vingt-cinq ans.

L'écriture et la vie

On ne peut raconter la vie d'un écrivain en faisant abstraction de son œuvre. La vérité, c'est que l'écriture double le vécu d'une autre dimension, qui permet à l'auteur de se sentir deux fois vivant: l'une en accomplissant sa propre existence; l'autre en déposant sur le papier ces signes minuscules qui permettent un élargissement du monde. Chemin faisant, les livres écrits et publiés deviennent des bornes immuables.

Entre 1984 et les dernières années du XXe siècle, Hélène Dorion pose les bases d'une existence entièrement vouée à la création littéraire. Elle enseigne la littérature à l'université Laval, avant de quitter la ville de Québec pour les Laurentides où elle séjournera jusqu'en 2009, écrit dans des revues, collabore à des émissions culturelles radiophoniques, produit des lectures-spectacles, participe à des festivals de poésie, publie d'autres livres, et devient éditrice d'une maison d'édition de poésie. De cette époque date aussi l'ouverture au monde dont la jeune femme a besoin: les États-Unis, si proches par la géographie mais si éloignés par la langue, dont la culture influence sa démarche; les pays européens qui l'attirent parce qu'ils portent des pans entiers de l'histoire et des littératures qui la nourrissent: l'Espagne, l'Allemagne, la Belgique et... la France.

En 2002, une anthologie personnelle de ses poèmes paraît au Québec, sous un titre qui révèle d'emblée son double attachement à la terre et à la poésie: *D'argile et de souffle*. L'écrivain et critique littéraire Pierre Nepveu y évoque l'œuvre d'Hélène Dorion en ces termes: «Nous avons besoin de sa quête intérieure, de cette immensité du dedans, de ce vent de l'âme que sa poésie ne cesse de faire souffler et de faire entendre, comme pour laver notre monde de ses scories, de ses bruits inutiles, de ses enjeux mesquins, afin d'y dégager un espace pur et un temps de vivre».

Les deux décennies suivantes confirment l'importance d'Hélène Dorion dans le paysage littéraire francophone. De nouveaux recueils de poèmes – *Le Hublot des heures* en 2008, *Cœurs, comme livres d'amour* en 2012, *Comme résonne la vie* en 2018 –, des romans, des récits, des livres d'artiste réalisés avec des plasticiens, un ouvrage consacré au paysage accompagné de ses propres photographies, ainsi que de nombreuses traductions confèrent une dimension internationale à son œuvre. De fait, l'écrivaine, fille de l'Atlantique nord, fait paraître alternativement ses livres au Québec et en France. Là où le soleil se couche, là où le soleil se lève.

Le souffle et le travail

Il est des êtres qui deviennent écrivain en un livre, et dont la trajectoire, quelquefois fulgurante, reste indissociable de l'acte inaugural qui les fit advenir. Rimbaud en est un bel exemple. Il en est d'autres qui entrent plus fragilement dans le métier, mais qui affirment livre après livre leur propension à devenir celles et ceux qu'ils ne sont pas encore. Leur parcours est fait de persévérance, de travail, de choix de vie exigeants, de fidélité au public et d'acceptation confiante du rôle intellectuel et social que l'écrivain doit endosser –, comme si l'écriture consistait à se mettre sur la pointe des pieds pour être à la hauteur des enjeux d'existence qui se trouvent devant soi. Hélène Dorion est de ceux-là.

Depuis son premier livre, publié en 1983, jusqu'à cette édition en poche de *Mes forêts*, quarante années se sont écoulées. Quarante années au cours desquelles Hélène aura livré une œuvre de grande valeur, aux accents universels, qui fait d'elle aujourd'hui l'une des voix majeures des littératures francophones. Pour l'écrivain et éditeur que je suis, cette œuvre est un de ces repères dont la littérature a besoin pour continuer à déployer son tracé d'humanité. Dans la cartographie mouvante du monde littéraire qui se dessine sous nos yeux, elle est depuis longtemps un de ces points géodésiques par lesquels nous définissons avec justesse la longitude, la latitude et l'altitude de notre rapport à la vie. J'aime son œuvre. Comme j'aime la clarté et la rigueur du travail que nous accomplissons ensemble.

La langue et le pays

« Ma langue est d'Amérique / Je suis né de ce paysage ». Ces vers par lesquels s'ouvre un des grands textes de la littérature québécoise – l'*Ode au Saint-Laurent* de Gatien Lapointe – pourraient être revendiqués par Hélène

Dorion. Elle aussi est d'Amérique, puisqu'elle est originaire du Québec, l'une des provinces du Canada, d'une superficie trois fois supérieure à celle de la France et six fois moins peuplée.

Mais quelle est cette «langue d'Amérique» que l'autrice de *Mes forêts* revendique aussi ? Il s'agit du français, langue officielle du Québec depuis 1977, qui est comme enclavée dans un vaste environnement anglophone. Le combat pour la défense d'une langue, les Québécois le connaissent mieux que quiconque. Pendant des générations, des hommes politiques, des écrivains, des intellectuels, de simples citoyens ont lutté pour que la langue française s'impose dans un territoire où trois cultures se croisent en permanence: la culture française portée par la littérature, la culture anglo-saxonne qui domine le monde des échanges économiques, et la culture autochtone, celle des Amérindiens qui occupaient ces terres bien avant l'arrivée des Européens.

À quelques nuances près, le français d'Hélène Dorion est le même que le mien, mais sa vigilance à l'égard de la langue est plus grande. Elle parle d'*arrêt* quand je dis *stop*, de *fin de semaine* plutôt que de *week-end*, préfère le *magasinage* au *shopping.*

Hélène appartient à cette génération d'écrivains qui n'ont pas eu à se battre pour défendre et imposer la langue française au Québec, mais qui l'illustrent et la revendiquent comme une terre, une patrie ancrée en Amérique et fortement ouverte au monde. Écrire au Québec, c'est être adossé à l'histoire d'un combat mené par les générations antérieures. « Québec ton sang ta langue ta patrie [...] Mon pays vient parler sur la place du monde », écrivait encore Gatien Lapointe. Un demi-siècle plus tard, Hélène Dorion livre ces mots si beaux : « mes forêts [...] sont les paupières tremblantes d'un espoir qui parle une langue d'écorce et de souffle ».

Le paysage et le livre

La poésie d'Hélène Dorion est indissociable des lieux dans lesquels elle a vécu et vit encore. Dans l'ouvrage intitulé *Le Temps du paysage* (2016), l'écrivaine fait remarquer avec justesse qu'on « ne décide pas du paysage », pas plus qu'on ne choisit l'époque et l'endroit où l'on vient au monde. Il est là, immuable et changeant, indifférent à notre présence, aussi incontournable que le temps qui s'écoule.

Nous ne décidons pas du paysage, mais nous pouvons décider ou non de l'arpenter, de le traverser, de le regarder, d'en observer les formes, les lignes et la dynamique, de nous en nourrir. De faire usage de notre liberté. « Lames de bleu, ondées, maigres nuages, chaque jour on décide du regard que l'on porte sur l'horizon. On décide de ce que l'on fera de l'orage et de la falaise, du lac silencieux, de l'arbre qui vacille encore légèrement », écrit-elle.

La question est de savoir ce que représente le paysage pour l'autrice de *Mes forêts*. S'agit-il d'un simple décor, comme ceux que l'on fabrique au cinéma ? Est-il nécessairement lié à la nature ? Nous est-il toujours extérieur ?

Ces questions trouvent réponse dans l'œuvre d'Hélène Dorion. Oui, il existe des paysages urbains : Québec, ville où le fleuve se resserre, ainsi que le suggère l'étymologie de ce nom emprunté à une langue algonquienne ; Montréal et New York, forêts d'acier et de verre ; Paris, ville-mémoire, ville-lumière. Oui, le paysage nous est tout à la fois extérieur et intérieur, il vit hors de nous et en nous : « Levant ainsi la frontière entre le dedans et le dehors, le paysage qui s'impose quotidiennement à ma vue s'ouvre comme une fenêtre et me devient *intime*. À travers lui, je retourne mon regard vers moi-même et revisite les racines de mon existence. Je cherche donc à *contempler du dedans* le paysage, c'est-à-dire à l'habiter tout autant qu'il m'habite. » (*Le Temps du paysage*, p. 6)

On comprendra, lisant ces lignes, qu'il existe des paysages de mémoire et des paysages de conscience, des lieux que nous habitons autant qu'ils nous habitent, des terres que nous traversons et des terres qui nous traversent. C'est le cas des forêts vers lesquelles nous entraînent les mots d'Hélène Dorion.

Dans l'intime du texte

Trois mille milliards d'arbres

Écrire *Mes forêts* au cœur d'une forêt, pour être au cœur du monde...

En dépit de la présence des arbres, leur commun dénominateur, toutes les forêts de la planète ne se ressemblent pas. Celles du Québec n'ont que peu de points communs avec les forêts tropicales d'Amérique du Sud ou d'Asie du sud-est, avec les mangroves des Comores ou du golfe de Guinée, avec les forêts méditerranéennes plantées de caroubiers, d'oliviers et de cyprès qui s'étendent du sud de la France aux rivages de la Grèce. Pour autant, Hélène Dorion nous parle d'un monde, biotope aux multiples aspects, qui représente près d'un tiers des terres émergées de la planète, et qui compte, dit-on, 3000 milliards d'arbres, soit 380 pour chaque être humain.

L'écrivaine québécoise n'a pas eu besoin de ces chiffres pour écrire son texte, peut-être ne les soupçonnait-elle même pas. Mais elle savait, elle sait, qu'en évoquant les forêts, elle touche à un thème universel, et qu'une partie de l'avenir de l'humanité se joue dans le formidable réservoir de biodiversité qu'elles représentent. Et l'on ne s'étonne pas de la voir nommer, au fil des pages, la présence du vivant au cœur des bois. Celle de l'arbre aux innombrables parcelles de vie : racines, tronc, écorce, branches, tiges, bourgeons, feuilles, fleurs et fruits. Celle des animaux qui trouvent refuge en ces lieux : hibou, lièvres et renards, coyote, ours noir, orignal, sittelle, geai bleu, mésange, insectes, loup, grenouilles. Celle des végétaux et des minéraux en constante interaction : herbes, mousse, humus, argile, gravier, pierre, rocher, calcaire.

Hélène Dorion fouille le monde de la forêt. Elle tente d'en déchiffrer le sens, d'en défricher l'opacité. « Il y a dans chaque forêt une pierre qui sonde la nuit », écrivait-elle déjà en 2006, dans l'ouvrage intitulé *Mondes fragiles, choses frêles.*

Le souci de la terre

Sur ma table de travail, des livres entourent *Mes forêts* d'Hélène Dorion. Les uns à peine ouverts, d'autres lus et annotés de longue date. Il y a là, pêle-mêle : *Walden ou la vie dans les bois* de Henry David Thoreau ; *Et la forêt brûlera sous nos pas*, thriller anxiogène du romancier suédois Jens Liljestrand consacré au réchauffement climatique ; *Dans la forêt*, roman d'anticipation et best-seller mondial de l'Américaine Jean Hegland ; un essai de Joëlle Zask intitulé *Quand la forêt brûle* ; un numéro de la revue *Reliefs* consacré aux forêts ; et un livre venu du fond des âges, récemment réédité : *Le souci de la terre*, nouvelle traduction des *Géorgiques* de Virgile.

Faut-il avoir lu tout cela pour entrer dans le recueil d'Hélène ? Bien sûr que non ! Mais la présence de ces livres, sortis de ma sacoche, me rassure. Me rassure et me parle, car l'écrivaine québécoise n'est pas seule à s'intéresser au monde de la forêt. Avant elle, d'autres l'ont fait, à l'image de Thoreau, écrivain américain du XIXe siècle qui tourne le dos à la civilisation et s'installe seul « dans le bois de Walden », dans une cabane qu'il a construite de ses mains. Après elle, d'autres parleront encore des forêts parce qu'elles fabriquent l'atmosphère respirable sans laquelle nous ne pouvons survivre. Quant aux écrivains d'aujourd'hui... Comme nous tous, ils sont sensibles à la question du réchauffement climatique et aux gigantesques incendies qui ravagent nos forêts.

Il n'est pas étonnant de voir Hélène Dorion consacrer, dès la première section du recueil, un poème au feu, cette « bête prête à tout dévorer » (p. 34). Lorsqu'elle achevait la rédaction du recueil, dans l'enclos protecteur de *ses* forêts, des mégafeux (c'est ainsi qu'on les nomme) dévastaient l'Amazonie, l'Australie, la Grèce, la Californie, et même la taïga sibérienne. Elle ignorait cependant que deux ans plus tard, au cours de l'été 2022, des adolescents français, qui étudieraient bientôt *Mes forêts*, verraient les arbres s'embraser à deux pas de chez eux : en Gironde, dans les monts d'Arrée, dans la légendaire forêt de Brocéliande, dans la Sarthe, le Jura, les Vosges, les Alpes, le pourtour languedocien. Des feux hors normes, qui nous invitent à repenser nos relations avec la nature.

Un livre comme celui d'Hélène Dorion peut nous y aider. Non parce qu'il nous dirait comment agir, quels comportements adopter – *Mes forêts* ne donne aucune leçon, ne prodigue aucun conseil – mais parce que sa poésie chante la vie, ce miracle fragile. «*Les brèches / maintiennent la vie dans sa fragilité*» (p. 31) ; «mes forêts [...] disent nos mains d'obscurité / de frêles beautés / l'effroi qui pèse sur demain» (p. 94).

Le seul fait de nommer le monde, de nommer les plantes, les animaux, les étoiles, les matières minérales et organiques, d'énumérer les ressources terrestres, célestes et aquatiques, ce simple fait participe d'une célébration du vivant. Comme Virgile, poète latin né à l'aube de l'ère chrétienne, Hélène Dorion a «le souci de la terre».

Ombres et lumière

Nous vivons dans une société qui ressent l'appel de la forêt. Des stages de développement personnel y sont organisés, des cabanes dans les arbres tiennent lieu d'hôtel pour qui ne supporte plus les villes et leur cortège de nuisances, et l'on parle parfois d'éco-bien-être ou d'éco-bonheur, sans que l'on sache toujours si le terme «éco» désigne l'écologie ou l'économie de ce commerce florissant. La crise sanitaire a accéléré la prise de conscience de l'urgence climatique, et bien des personnes se préoccupent désormais de leur empreinte carbone et de l'impact de leurs déplacements sur l'environnement. L'arbre est devenu le symbole du *slow tourism* (pardon Hélène!) et de la décroissance.

L'erreur serait de croire qu'Hélène Dorion ne perçoit la nature que comme un refuge, un lieu d'émerveillement, de ressourcement et de réconfort. Avec *Mes forêts*, elle ne s'attarde guère sur cette mythologie de notre temps. Elle lui préfère les mythes fondateurs, évoqués dans la dernière section du recueil, et laisse entendre que la forêt est d'abord un monde dur et sauvage, archaïque, primitif. Un lieu où prévalent les rapports de domination et de prédation. Un milieu «de naissances et de morts» (p. 39), «d'exil et de survie» (p. 114), où «un corps tue d'autres corps» (p. 102) pour se maintenir en vie. Où les arbres même «mordent le sol» (p. 61) pour exister.

Cette observation vaut aussi pour la vie humaine. Dans certains passages du recueil, l'autrice fait discrètement allusion à la place que chacun occupe au sein de la famille (p. 103), aux chagrins qui ternissent les joies de l'enfance, à la dureté des relations sociales ou à la peur, le «hurlement de nos peurs» (p. 93) qui ne s'apaise que dans l'amour (p. 106). Puis au détour d'une page, sans ambages, Hélène Dorion fait allusion à la violence coloniale exercée sur les Premières nations: spoliation des terres indiennes, vols, rapts, à commencer par celui des enfants qui étaient brutalement coupés de leurs origines:

« on a piétiné la terre des uns
volé celle des autres
on a arraché des enfants à leur famille
on leur a inculqué nos croyances » (p. 104)

Aucune naïveté, aucun angélisme dans le regard qu'Hélène Dorion porte sur la forêt. Elle sait que beauté et obscurité y cohabitent, que des forces contraires s'y côtoient, que des instincts antagonistes s'y entrechoquent. La vie et la mort. L'ombre et la lumière. La peur et le refuge.

J'ai besoin de l'arbre pour me dire

En 2018, lors d'une conférence à l'Université Permanente de Nantes, à l'occasion de la parution de *Comme résonne la vie*, Hélène Dorion évoque le passage des saisons, qui sont si fortement marquées au Québec. Le printemps sorti des froidures de l'hiver, l'été souvent très chaud, l'automne et ses couleurs flamboyantes. Elle dit alors ceci, qui fait frissonner le public :

« Un arbre m'apprend à vivre, à traverser l'hiver. Quand certains événements difficiles surviennent dans nos vies, quand de grandes vagues nous happent, nous vivons comme un hiver. Cela nous arrache toutes les feuilles, nous sommes des branches nues. Laisser s'en aller toutes ces feuilles, ne pas se briser... Le printemps finit par revenir. »

Ces paroles prononcées spontanément rejoignent en réalité un poème de *Comme résonne la vie* : « J'ai besoin de cet arbre pour me dire / qui je suis, de ce tronc qui effeuille l'aube [...] j'ai besoin de la branche rompue / du poids des mots / au creux de mes mains, la promesse / du recommencement. »

Trois ans plus tard, songeant à cette conférence, je me suis dit que *Mes forêts* était né là, dans ce besoin de dire l'importance du rapport à l'arbre. Dans cette rencontre avec la forêt qui entoure sa maison. Dans cette attention portée aux changements de saisons et aux réalités infimes : l'écorce, la feuille, la branche.

La pandémie de 2020, et l'enfermement auquel une grande partie de l'humanité a été confrontée ont fait le reste. Hélène s'est retrouvée confinée dans sa forêt, immobilisée comme les arbres, enracinée chez elle, chez eux. Son regard est alors allé du dehors au dedans. Dehors, où des changements infimes s'opéraient dans le paysage : lent dégel, éclosion des bourgeons sertis dans l'écorce, « bégaiement des feuilles » (p. 31), vacillement des arbres dans le vent. Dedans, où d'autres paysages voyaient le jour : brumes de mémoire, « poids des silences » et « temps de glace » (p. 67). « Les forêts creusent / parfois une clairière / au-dedans de soi », écrit-elle (p. 20).

On comprend, lisant ces pages, que l'existence des forêts change notre perception de la vie et la façon dont nous nous représentons notre intériorité. En les parcourant, on finit par se montrer plus attentif aux voix de la terre, au passage des saisons, aux présences tapies dans l'ombre, à l'équilibre de l'arbre qui cherche sa place au milieu des autres arbres. À la lumière aussi, pour notre propre photosynthèse psychique. Apprendre la forêt, c'est apprendre à être soi.

Dans le terreau du texte

« Mes forêts », dit-elle dans un leitmotiv qui parcourt tout le livre. On aurait tort de penser que l'appartenance, le goût de la possession sont au cœur de ce livre dont le premier mot est pourtant bien un déterminant possessif. En fait, Hélène Dorion dit « Mes forêts » comme le poète libanais Khalil Gibran disait « Vos enfants », ajoutant aussitôt : « Vos enfants ne sont pas vos enfants / Ils sont les fils et les filles de la vie qui se désire / Ils sont avec vous mais n'appartiennent qu'à eux-mêmes. »

La même réflexion sur l'existence pourrait être appliquée au regard que l'écrivaine porte sur la nature. Mes forêts ne sont pas mes forêts, pourrait-elle dire. Elles procèdent de la vie qui meurt et naît à chaque instant. Elles sont avec moi, autour de moi, mais n'appartiennent qu'à elles-mêmes. Au fond, nous ne possédons pas la terre sur laquelle nous vivons : elle nous est seulement prêtée le temps d'une vie.

Dès lors, la question est bien de savoir ce que signifie « mes forêts », ou plus exactement ce que sont *les* forêts d'Hélène Dorion. Au risque de décevoir, il n'existe pas de réponse unique, lapidaire, définitive à cette question. Lisez, relisez le recueil, voyez comment l'autrice s'empare de cette expression pour en déployer au fil des pages toutes les virtualités : « Mes forêts sont de longues traînées de temps » (p. 7), « Mes forêts sont un champ silencieux / de naissances et de morts » (p. 39), « Mes forêts sont des bêtes qui attendent la nuit » (p. 51), « Mes forêts sont le bois usé d'une histoire / que racontent des lunes tenues à bout de bras » (p. 93). L'expression « Mes forêts », si fréquemment répétée, fonctionne comme un vocable-bourgeon qui se déploie dans le livre, un vocable-souche d'où partent des sarments de poèmes, un vocable-graine qui germe et croît dans le terreau du texte. Un vocable-calame, surtout, qui calligraphie le silence sur la page du vent.

Seule certitude, dans ce mouvement permanent d'une écriture végétale : les forêts d'Hélène Dorion sont tout à la fois extérieures et intérieures, réelles et symboliques. Des forêts où elle vit et qui vivent en elle. Des forêts qu'elle traverse et qui la traversent. Et les derniers vers du recueil, si beaux, si forts, assimilent cette traversée des étendues verdoyantes et ombreuses à un voyage en mer dont le but reste, en définitive, la connaissance de soi :

« et quand je m'y promène
c'est pour prendre le large
vers moi-même » (p. 114)

Poésie la vie entière

Poésie verticale

À l'heure d'aborder le troisième volet de ce dossier, je me souviens de mes dix-sept ans et du rapport que j'entretenais avec la poésie. Elle était déjà là dans ma vie, disponible comme une source, secrète comme un désir, farouche comme une guerrière. Je lisais de la poésie, j'écrivais des poèmes –, sans voir que je définissais à jamais les paramètres de mon rapport à la vie et au monde. À l'amour aussi, tant les mots de tous les jours me paraissaient inaptes à restituer le charivari des émotions, la force des sentiments. Je dois aussi à la poésie de m'avoir permis d'approcher le féminin avec la douceur qu'il convient d'avoir.

Je sais qu'il en était de même pour toi, Hélène, et que la poésie ouvrait un chemin de dégel au sortir de l'enfance. Tu lisais Saint-Denys Garneau, le grand précurseur de la renaissance littéraire au Québec, en quête d'absolu. Tu lisais Anne Hébert, Gaston Miron, Jean-Guy Pilon, Gatien Lapointe, Jacques Brault. Tu lisais Pierre Reverdy, Yves Bonnefoy, Philippe Jaccottet, tant d'autres encore, et chacun t'ouvrait à sa manière les portes d'un royaume: regards et jeux dans l'espace, mystère de la parole, marche à l'amour, recours au pays, premier paysage, moments fragiles...

Quand tes premiers poèmes sont venus, tu écrivais déjà librement, sans te sentir inféodée à la rime et au rythme régulier de l'alexandrin. Tu ne cherchais pas à imiter les maîtres d'autrefois, les mètres de toujours. Tu as trouvé ta voie, ta voix, en te libérant des habitudes apprises et des formes imposées. Là aussi, c'est une sorte de dégel.

Aujourd'hui, tu avances dans l'écriture avec une grande liberté de ton, à l'écoute d'un rythme, d'un souffle, d'une musicalité qui te sont propres. Je parcours *Mes forêts* du regard, et je vois que tu y as supprimé tout signe de ponctuation. Que tu ne conserves la majuscule que pour les noms propres et l'entame de chaque texte. Que tes mots s'organisent verticalement dans l'espace de la page, ménageant des espaces blancs, des vides, des brèches, comme autant de clairières dans la forêt du livre. Et si c'était finalement cela la poésie, Hélène: des mots qui se mettent debout dans l'espace de la page.

Liberté grande

Ton livre est une forêt. De signes typographiques, de mots, de poèmes. On y entre par des textes courts, d'une page à peine, qui sont comme autant de jeunes pousses à l'orée des futaies plus épaisses dans lesquelles tu nous entraînes. De longs poèmes, ponctués de pages blanches, invitent le lecteur à cheminer à travers mots, à arpenter l'espace que tu as sciemment dessiné, à parcourir un domaine qui lui est entièrement offert.

Ce qui est formidable avec la poésie, c'est la liberté qu'elle laisse à autrui. Liberté d'aller et venir dans le texte comme bon nous semble (je peux suivre le parcours que tu proposes, de la première à la dernière page, ou emprunter des chemins de traverse) ; liberté d'interpréter les poèmes à ma guise, comme je l'entends, puisque tu ne dis jamais au lecteur ce qu'il doit comprendre. J'ouvre le livre au hasard et je lis « Tu pousses la porte du temps / vois la nuit / le rocher / comme le sang du souvenir / qui a survécu » (p. 91). La porte, la nuit, le rocher, le sang... Hélène, qui peut dire précisément à quoi tu songeais en écrivant ces lignes ? Qui oserait affirmer de façon péremptoire ce qu'elles signifient ? La poésie est un espace ouvert et offert à la liberté d'interprétation d'autrui. Et je parie que de tout jeunes lecteurs – peut-être parmi ceux qui étudieront ton livre – découvriront des choses pertinentes auxquelles tu n'avais toi-même pas songé. Tu as fabriqué le cerf-volant du poème, tu l'as lancé dans le vent, certes, mais c'est au lecteur que revient désormais le soin de le manier.

Tu as écrit *Mes forêts*, et pourtant tu ne possèdes ni cadastre, ni titre de propriété. Ton texte est ouvert, pluriel, polysémique. « Chaque pas laisse une trace / que jamais on ne pourrait effacer » (p. 105), dis-tu toi-même dans le long poème intitulé « Avant l'horizon ».

« Avant l'horizon ». Ce texte est peut-être celui dans lequel tu auras été le plus attentive aux violences du monde. Tu y dénonces le sort fait aux animaux (« on a recouvert nos épaules de fourrures / mangé la chair des bêtes », p. 103), puis aux Premières nations, spoliées de leurs terres et asservies à la vindicte de l'homme blanc. Tu montres comment l'humanité s'est appropriée la nature (« on a dit que le coyote l'ours blanc / nous appartenaient », p. 104), de quelle façon la beauté du monde a été souillée et « vendue au plus offrant » (p. 105). Ailleurs, guerres, famines, dévastation ou dérives de la société de consommation trouvent un écho dans tes poèmes. Je sens, et c'est si rare sous ta plume, de la colère en toi lorsque tu dénonces ces chiffres dont on fait usage « pour ne rien dire », ces « lettres échevelées / bientôt cassées comme pib / nip fmi » (p. 67), ces réseaux sociaux dont tu agglutines les noms – *facebookinstagramtwitter* (p. 51) – pour dire les incessantes collusions d'intérêt.

Mais cette évocation de la fureur du monde ne t'empêche pas de chanter la fragile beauté des choses et le mystère de l'existence. Je suis frappé de voir combien *tes* forêts sont associées au rêve, à l'imaginaire, à la vie onirique. « Les forêts entendent nos rêves / et nos désenchantements », dis-tu dans un poème (p. 17). « On dirait une silhouette mystérieuse / où glissent des rivières et s'élancent les rêves», murmures-tu dans un autre (p. 87). Et le mystère éveille tes interrogations : mystère des lieux et des éléments («L'herbe ne va nulle part / elle devient un monde / où se terrent d'autres mystères que le nôtre», p. 82) ; «bruit secret des nuages» (p. 67), énigme des êtres que nous cherchons à découvrir par «la fenêtre de l'amour» (p. 106).

Pour toi, la poésie est là, précisément, dans cette acceptation du mystère. Nous voudrions tout connaître, tout comprendre, tout posséder... Or le temps nous échappe, l'infini de l'univers est un vertige, et nous restons à bien des égards une énigme pour nous-même. La poésie entre dans ce vacillement, ce tremblement, ce vertige. Elle consent à la fragilité. Elle est un fil tendu entre deux mystères, celui de l'auteur et celui du lecteur. De sorte que l'on peut être touché, bouleversé par un poème, sans le comprendre pleinement. Quelque chose s'est passé en nous. Un événement, un avènement, une vibration. Le passage d'un état à un autre.

De la musique avant toute chose

Tu as souvent dit que la musique des mots était pour toi aussi importante que le sens. Depuis des années, ton travail te porte vers des musiciens avec lesquels tu proposes des lectures orchestrales de ta poésie. Tu as même écrit, avec la romancière Marie-Claire Blais, un livret d'opéra, *Yourcenar – Une île de passions*, qui fut donné au cours de l'été 2022 à Québec et Montréal.

Mes forêts sont aussi, à leur manière, une œuvre musicale. Il suffit d'observer le sommaire du recueil pour s'en rendre compte. Les quatre grands mouvements du livre – *L'écorce incertaine, Une chute de galets, L'onde du chaos, Le bruissement du temps* – sont ponctués par le retour d'un thème, d'un leitmotiv : celui que constitue la reprise de l'expression « Mes forêts », présente au seuil de cinq poèmes. En musique, ces reprises prendraient la forme de récurrences mélodiques ou rythmiques, de séquences que l'on ramène à intervalles réguliers, en y opérant des variations. Variations de longueur et d'intensité, de tonalité, de rythme... Une part importante de la musique classique – celle de Bach, de Schubert, de Brahms, de Debussy, de Satie, plus proches de nous de Philip Glass ou de Kaija Saariaho qui recourt à des dispositifs électroniques – repose sur ces jeux de variations, que l'on retrouve aussi dans le jazz, la musique électroacoustique ou le rap. Mais en poésie, comme en musique, le thème doit être suffisamment typé pour qu'on le reconnaisse, et suffisamment riche pour que l'artiste puisse le développer, le transposer, y introduire d'innombrables nuances. Comme les mesures d'une partition. Comme la succession des arbres en forêt.

J'aime cette façon que tu as de nous faire entrer en douceur dans l'épaisseur du texte. Les vingt-cinq poèmes courts de *L'écorce incertaine* – de « L'horizon »

(p. 13) à « L'aile » (p. 37) – introduisent en mode mineur les thèmes qui font l'objet d'orchestrations majeures dans les sections suivantes. Ouverture musicale du recueil, simple prélude aux pièces amples qui le prolongent. Jusqu'aux trois textes de la section intitulée *Le bruissement du temps*, dans lesquels tu dresses, par le récit poétique et le retour aux mythes, un état de notre condition humaine à l'heure où une catastrophe se profile.

Faire naître des images, créer de la musique avec les mots... Décidément la poésie déplace nos habitudes de langage, nous obligeant à voir et à écouter le monde autrement.

Elle est ce voilier qui glisse doucement dans le silence de la baie, entre deux rives, entre deux rêves, la grande voile blanche de la page gonflée par le souffle des mots.

« Je me suis mise à l’écoute des pulsations du monde »

Entretien avec Hélène Dorion

– « Peu à peu, tu apprendras que l'on emporte avec soi chaque moment de son enfance » écris-tu dans La vie bercée*. Quels fragments d'enfance emportes-tu lorsque tu écris tes poèmes ?*

En 1963, j'ai cinq ans et la mort fait une irruption fracassante dans ma vie d'enfant. Ou plus exactement la conscience que la mort existe. Le président des États-Unis, John Fitzgerald Kennedy vient d'être assassiné. Les adultes sont sous le choc. Cette même année, mon père est victime d'un grave empoisonnement alimentaire sous mes yeux. J'ai le souffle coupé, j'espère de tout mon cœur que ma mère va vite rentrer. Je découvre avec violence que la vie est éphémère. Le soir dans mon lit, j'imagine ce qui se passerait si papa mourait, si maman mourait, si ma sœur mourait. Cela m'est vraiment difficile, mais je recommence chaque soir le même processus. Comme si j'avais compris que pour vivre sereinement, il faut apprendre à apprivoiser la perte.

– Tu es donc une petite fille qui vit avec l'angoisse de la mort ?

Non, pas du tout, mais avec la conscience aiguë que la vie débouche sur la mort. Un autre souvenir de mes cinq ans reste nettement gravé dans ma mémoire. Je marche avec mon père. Je lève la tête, et en observant la nuit étoilée et toutes les figures qui se dessinent dans le noir je ressens comme des poupées gigognes l'immensité de l'univers et mon infinie petitesse. Le fait que je ne serai pas toujours là sur cette Terre. Je me souviens très intensément de ce premier contact avec l'essence de la vie. Peut-être parce que pour moi, écrire de la poésie, c'est justement habiter cet espace de la perte, creuser dans l'ombre pour chercher à en extraire quelque chose de lumineux.

– *À cette époque, tu avais déjà rencontré la poésie ?*
En fait, elle est arrivée plus tard. J'ai d'abord rencontré le monde des mots. Quand j'étais petite, je voyais mon père lire le matin avant de quitter la maison, et le soir en rentrant se plonger à nouveau dans la lecture. Mais il avait perdu toute sa bibliothèque à cause d'un dégât des eaux, et par la suite, la reconstruire aurait été trop onéreux. Il dévorait donc un grand nombre de journaux et de magazines. Moi je le regardais s'absorber dans ces signes écrits et j'avais l'impression qu'il avait accès à un monde fascinant, en dehors de la maison. Je brûlais d'apprendre à lire pour y accéder à mon tour.

– *Quand as-tu découvert la poésie ?*
Le moment déterminant a eu lieu quand j'étais lycéenne. Je devais avoir une quinzaine d'années. J'avais une prof de français passionnée de littérature. Je revois encore la scène : tout à coup elle se lève, et se met à circuler entre les tables tout en récitant par cœur un poème. Elle ferme les yeux, son visage est illuminé, les mots flottent autour d'elle. Elle semble dans un monde si intense que

j'ai terriblement envie d'aller y habiter. C'est magique, les mots se promènent dans la salle, prennent une dimension nouvelle, enveloppent mon corps, ricochent sur mon cœur. C'est l'expérience poétique plus que le poème dont je me souviens, ce premier contact, physique, avec la poésie qui a fait irruption dans ma chair.

– C'est là que tu as décidé de devenir poète ?
Pas tout de suite, non. Je suis passée d'abord par la philosophie. Là encore, c'est un enseignant qui m'a furieusement donné envie d'y plonger, un enseignant qui m'a fait prendre conscience que mon désir de questionner le monde allait pouvoir étancher ma soif en étudiant le vaste champ de la philosophie. Le premier jour de cours à l'université, je me suis trouvée environnée de notions absconses, bombardée de noms inconnus – Nietzsche, Hegel, Sartre... Je suis rentrée chez moi et j'ai dit à ma mère : « C'était absolument extraordinaire ! Je n'ai rien compris ! » Je me trouvais devant une forêt à défricher, une forêt dense, touffue, difficile à pénétrer, mais je savais qu'en y entrant, un monde de connaissances allait s'ouvrir à moi. D'ailleurs, je n'ai pas fini d'arpenter les sentiers de cette forêt, et en un sens, je me considère toujours comme une étudiante en philosophie.

– Qu'est-ce qui t'a fait basculer de la philo au poème ?
J'étais plongée depuis un moment dans la lecture des présocratiques, penseurs si proches de la poésie, et aussi

dans la phénoménologie de Merleau-Ponty, l'existentialisme sartrien, le choc Albert Camus, celui de Hermann Hesse, quand est arrivée la rencontre fondatrice avec l'œuvre du poète québécois Jacques Brault. Avec lui, j'ai compris que d'une certaine manière, il manquait à la philo l'émotion, le sensible. Que les mots n'étaient pas seulement un corridor qui laisse passer le sens, mais une matière dense, riche, polymorphe. J'ai découvert qu'il y avait tout un monde derrière chaque mot que le poème déplie et manipule comme de l'argile. J'ai eu moi aussi envie de pétrir les mots. J'ai deviné qu'ils allaient devenir mes meilleurs alliés pour apprivoiser la vie et l'univers. J'avais 22 ans et j'ai commencé à écrire de la poésie.

– Et tu as décidé d'en faire ta vie ?

Oui. Mon père me rêvait avocate, ma mère médecin, mais j'ai préféré suivre une sorte de nécessité intérieure, l'élan qui me portait vers la philo, puis vers la littérature. Ma vie est dédiée à l'écriture et à la poésie depuis quarante ans et je ne l'ai jamais regretté. Ma mère me disait souvent: «On ne fait pas ce que l'on veut dans la vie» et, peut-être plus ou moins consciemment, mon existence s'est construite en opposition à cette phrase. Quand on est adolescent, on exige sans cesse de toi que tu choisisses: entre tel ou tel métier, entre le féminin et le masculin, tes options, tes loisirs, la décoration de ta chambre... Cela me choquait, j'aime garder les portes ouvertes, et que les contradictions puissent cohabiter. Il me semble que la pire chose qu'on puisse dire à quelqu'un c'est « je te connais parfaitement ». Ça l'assigne à une identité figée, ça l'empêche d'évoluer.

– *Quel souvenir as-tu de ta première forêt ?*
On m'a juchée pour la première fois sur des skis quand j'avais quatre ans. C'était sur le Mont Sainte-Anne à environ 40 km de la ville de Québec où je suis née. Pour nous ici la forêt est très présente, mais le fleuve aussi. C'est un contact physique. En 1984, un an après la parution de mon premier recueil de poèmes, j'ai quitté la ville de Québec pour aller habiter dans les Laurentides, non pas *dans* mais *avec* la nature. La forêt est un réconfort, bien sûr, un lieu d'émerveillement, de calme et de beauté, mais elle est aussi un lieu sauvage qui porte des violences. Par sa force métaphorique, la nature m'apprend à traverser de grands vents, des orages, les états intérieurs semblables à ceux qu'elle déploie. J'habite maintenant à Orford, en Estrie, dans un lieu écologique où une vingtaine de maisons partagent l'espace selon des règles communes, telles que ne pas éclairer indûment le ciel, ne pas utiliser de tondeuse... Cela contribue à faire de nous des êtres soucieux de respecter la nature et les autres.

– *J'aperçois derrière toi, par trois grandes baies vitrées, une « pluie de longues tiges » qui frémissent sous le vent. Raconte-nous ce petit cabinet d'écriture où tu as écrit* Mes forêts *face à tes arbres.*

J'aime appeler ce lieu mon «atelier», ce qui me semble témoigner d'un mouvement, celui de la création. Je l'ai fait construire à cinq mètres de notre maison, au début de la pandémie. Il a une forme circulaire, et peut abriter mes différentes pratiques artistiques : photo, vidéo, musique, dessin. Il accueille aussi un fauteuil pour lire, et une table en verre qui fait face à l'horizon et à la forêt que surplombe mon atelier. J'y vois les montagnes, le lac et je me sens comme en promenade intérieure face aux saisons qui traversent ce paysage. Pour chacun des poèmes du recueil, je peux décrire ce que je voyais au moment de sa conception. Je savais que Bruno et toi vous attendiez ce livre, c'était important : j'avais été choisie pour apporter quelque chose de l'espérance en ce monde qui s'était soudain figé et dans ce silence, cette immobilité, en suivant le bruissement de mes arbres, je me suis mise à l'écoute des pulsations du monde.

– *Tu as un arbre préféré ?*
Je n'ai pas d'arbre préféré, pour moi c'est une sorte de grande famille dans laquelle ils sont tous égaux, avec leurs particularités : tiens, un pic-bois niche dans celui-ci, tandis qu'une famille de porcs-épics a élu domicile dans cet autre... L'écorce, l'humus, la feuille, tout me parle. La force métaphorique de l'arbre est infinie. S'il ne laisse pas tomber ses feuilles, il devient plus vulnérable. Il m'apprend à vivre, à me débarrasser de ce qui n'est pas nécessaire. Il est aussi la métaphore parfaite de

l'écriture : il y a tout ce qui est en contact avec l'extérieur, tout ce qui est en mouvement à l'intérieur de nous et cette immobilité qui permet le jaillissement de la phrase.

– « Nous sommes nombreux à aimer et nombreux à avoir peur » écris-tu encore dans La vie bercée*.*
Qu'est-ce que tu aimes ? De quoi as-tu peur ?
J'aime l'être humain, le lien, l'émerveillement de la vie, ce qui nous donne la sensation d'être vivant. J'aime que l'amour existe, la bonté, la bienveillance. Et j'ai peur de tout ce qui peut faire obstacle à cela.

– Tu vis l'acte de création comme un acte de résistance, résister contre quoi et pourquoi ?
Créer c'est résister d'une certaine manière à un monde de production et de consommation, à des impératifs de performance et d'efficacité. C'est opposer une résistance aux rapports de pouvoir et de domination, à la dureté des relations humaines, à tout ce qui va à l'encontre du dialogue, du partage qui témoigne de ce que l'humain a de plus précieux.

– Comment as-tu réagi en apprenant que ton recueil était inscrit au programme du baccalauréat ?
Quand je l'ai appris, j'ai d'abord été stupéfaite, je ne m'y attendais évidemment pas du tout. Cela me réjouit énormément, car c'est une très belle occasion de partager ma vision de la poésie, celle qui m'unit à ma maison

d'édition : la poésie a quelque chose à dire dans ce monde. Au moment où la guerre éclate en Ukraine, donner la parole aux poètes ukrainiens dans une anthologie ; lorsque l'on bâillonne les Afghanes, servir de porte-voix à leur cri... J'adhère à cette vision d'une poésie accessible à tous qui donne confiance en l'avenir. *Mes forêts* est un livre de questions : comment faire du souci de la Terre une question individuelle et collective ? Que peut la poésie dans nos vies ? Qu'induit notre lien aux technologies ? Autant d'interrogations, et bien d'autres encore, qui j'espère vont rejoindre les jeunes et susciter l'intérêt d'enseignants pour leur offrir ainsi ce que j'ai eu la chance de rencontrer quand j'étais ado : une porte ouverte sur la force des mots pour dire le monde. Et l'aimer.

Propos recueillis par Murielle Szac.

Prolongements

Sur l'autrice

Le site personnel d'Hélène Dorion comporte un nombre important d'informations qui peuvent vous être utiles.
Pour vous y rendre :
www.helenedorion.com

Version audio de *Mes forêts*

Il existe une version audio de *Mes forêts*, intégralement lue par Hélène Dorion.
Vous pouvez en écouter librement une partie ou accéder à l'ensemble de ce livre audio en allant sur :
https://bit.ly/MesForets

Vidéos

Sur la chaîne YouTube d'Hélène Dorion, vous pourrez trouver des entretiens autour de sa démarche et visionner les vidéos réalisées par Pierre-Luc Racine sur plusieurs de ses livres.

www.youtube.com/@helenedorion5078

Pièces musicales

Des pièces musicales ont accompagné l'écriture de *Mes forêts*. Pour les partager, Hélène Dorion les a regroupées dans une liste de lecture que vous pouvez trouver sur Spotify et iTunes, sous l'intitulé *Hélène Dorion – Mes forêts*.

Portfolio

L'artiste contemporain Robert Lobet a réalisé des dessins, des peintures, des gravures autour de *Mes forêts* d'Hélène Dorion. Découvrez-les sur le site de l'artiste : www.editions-la-margeride-lobet.com/arbres-et-forêts

De la même autrice

Poésie

Mes forêts, Paris, Éditions Bruno Doucey, 2021.

Comme résonne la vie, Paris, Éditions Bruno Doucey, 2018.

Cœurs, comme livres d'amour, Montréal, Éditions de l'Hexagone, 2012.

Le Hublot des heures, Paris, Éditions de la Différence, 2008.

Mondes fragiles, choses frêles, Montréal, Éditions de l'Hexagone, collection « Rétrospectives », 2006.

Ravir : les lieux, Paris, Éditions de la Différence, 2005. Réédition 2007.

D'argile et de souffle, anthologie préparée par Pierre Nepveu, Montréal, Éditions Typo, 2002.

Portraits de mers, Paris, Éditions de la Différence, 2000.

Fenêtres du temps, en collaboration avec Marie-Claire Bancquart (Voilé / Dévoilé), Montréal, Éditions Trait d'Union, 2000.

Passerelles, poussières, Rimbach (Allemagne), Éditions Im Wald, 2000.

Les Murs de la grotte, Paris, Éditions de la Différence, 1998.

Pierres invisibles, encres de Julius Baltazar, Saint-Benoît-du-Sault (France), Éditions Tarabuste, 1998. Saint-Hippolyte, Éditions du Noroît, 1999.

Sans bord, sans bout du monde, Paris, Éditions de la Différence, 1995. Réédition 2003.

L'Issue, la résonance du désordre, Amay (Belgique), L'Arbre à paroles, 1993. Saint-Hippolyte, Éditions du Noroît, 1994. Réédition, *L'Issue, la résonance du désordre* suivi de *L'Empreinte du bleu*, gravures de Marc Garneau, Saint-Hippolyte, Éditions du Noroît, 1999.

Les États du relief, Saint-Hippolyte et Chaillé-sous-les-Ormeaux (France), coédition Le Noroît / Le Dé bleu, 1991.

Le Vent, le désordre, l'oubli, dessins de Marc Garneau, Mont-sur-Marchienne (Belgique), Éditions L'Horizon vertical, 1991.

Un visage appuyé contre le monde, dessins de Marc Garneau, Saint-Lambert et Chaillé-sous-les-Ormeaux, coédition Le Noroît / Le Dé bleu, 1990. Réédition, Montréal, Éditions du Noroît, coll. « Ovale », 2001.

La Vie, ses fragiles passages, illustration de couverture de Michel Fourcade, Chaillé-sous-les-Ormeaux, Éditions Le Dé bleu, 1990.

Les Corridors du temps, Trois-Rivières, Les Écrits des Forges, 1988.

Les Retouches de l'intime, Saint-Lambert, Éditions du Noroît, 1987. Réédition, Montréal, Éditions du Noroît, 2004.

Hors champ, Montréal, Éditions du Noroît, 1985.

L'Intervalle prolongé suivi de *La Chute requise*, dessins de l'autrice, Montréal, Éditions du Noroît, coll. « L'instant d'après », 1983.

Romans et récits

Pas même le bruit d'un fleuve, Québec, Éditions Alto, 2020. Marseille, Éditions Le mot et le reste, 2022.

Le Temps du paysage, avec des photographies d'Hélène Dorion, Montréal, Éditions Druide, 2016.

Recommencements, Montréal, Éditions Druide, 2014.

L'Étreinte des vents, Montréal, PUM, 2009. Paru en France sous le titre *L'âme rentre à la maison*, Éditions de la Différence, 2010. Réédition, Éditions Druide, collection de poche, 2018.

Jours de sable, Montréal, Éditions Leméac, 2002, 2004. Paris, Éditions de la Différence, 2003. Réédition, Éditions Druide, collection de poche, 2018.

Essai

Sous l'arche du temps, Montréal, Éditions Leméac, 2003. Paris, Éditions de la Différence, 2005. Réédition augmentée. Montréal, Éditions Typo, édition suivie d'entretiens, 2013.

Livret d'opéra

Yourcenar – Une île de passions, livret écrit avec Marie-Claire Blais, Montréal, Éditions de l'Homme, 2022.

Album jeunesse

La Vie bercée, illustrations de Janice Nadeau, Montréal, Les 400 Coups, 2006. Réédition 2021.

Table

Cet ouvrage est imprimé, pour l'intérieur, sur papier Coral Book Natural 1.2 de 80 g, certifié 100 % PEFC fabriqué par le groupe Lecta à Saragosse (Espagne)

Cet ouvrage a été achevé d'imprimer en janvier 2023 pour le compte de Bruno Doucey, poète, éditeur de poètes, sur les presses de l'imprimerie Factory B & M

Conception graphique Dans les villes, Strasbourg

Dépôt légal : mars 2023

Imprimé en Espagne